Petra Schneider

LiLeLie

Licht, Liebe, Leben Seelenberührungen

Bibliografische Information der Deutschen Nationalbibliothek: Die Deutsche Nationalbibliothek verzeichnet diese Publikation in der Deutschen Nationalbibliografie; detaillierte bibliografische Daten sind im Internet über dnb.dnb.de abrufbar.

2017 Petra Schneider
Herstellung und Verlag:
BoD – Books on Demand, Norderstedt

ISBN 9783743172784

Dieses Buch, soll nicht einfach gelesen werden.
Dieses Buch, soll deine Seele berühren.

Mein Tipp an dich lieber Leser.

Lese eine Poesie und lasse diese auf dich wirken.

Millionen von Tropfen

Sie strömen hinaus ins Leben,
als ein seelenreicher Segen.
Das Wasser zart und hell,
geboren aus einem Quell.

Hüpfen über Stock und Stein,
sind nie allein.
Das Wasser freudvoll springend,
Kraft und Liebe bringend.

Aufsteigende Dünste,
bilden Wolken voller Künste.
Ein Sturm beginnt zu toben,
die Wasser treibender Wogen.

Das Bächlein wird geflutet,
spiegelnd in der Sonne glutet.
Hin zu leisen Wellengang,
mit den Vögleins zarten Gesang.

Seelenlicht

Seele leicht beflügelt,
schwebt zum Horizont.
Himmel öffnet voller Güte,
Licht und Zauber.

Seele leicht beflügelt,
rein und zart.
Herzen öffnen alle Türen,
Liebe, Licht und Gotteshand.

Seele leicht beflügelt,
Liebe in allem ruht.
Licht erstrahlt immer wieder,
aus dem einem Sein.

Feld der Früchte

Grünes Gras, ich ruhe still,
Blick nach oben.
Wolken schweben,
Veränderung auf deren Wegen.

Tiefes Blau, Entspannung,
Himmelsbläue wundersam.
Stille Träume,
ewige Räume.

Früchte des Lebens, überall.
Wesen die vergehen, heller Schall.

Schmetterling

Schmetterling so zart und schön,
schwebt dem Himmel entgegen.
Schmetterling so wundervoll,
Sonne scheint durch seine Flügel.

Schmetterling so weich und fein,
wie ein Wolkenmeer.
Schmetterling so duftend,
Blumen strömen herbei.

Schmetterling wie Glöckchen,
hören zarten Elfengesang.

Schmetterling so traumschön,
fliegen jetzt.

Universum

Was gibt es da oben,
keiner weis es genau.

Doch die Seele,
ja die ist sehr schlau.

Viele Leben hat sie verbracht,
nur an das Lernen gedacht.

Ins Universum darf sie gehen,
um den Vater zu sehn.

Immer wieder kommt sie auf die Erde,
dass sie immer reifer werde.

Eisflöckchen

Lustig tanzen, auf und ab.
Mond erhellt das Eis.

Sterne leuchten, tagein und tagaus,
Seelen sich am Brunnen treffen.

Eisgebilde in der Stadt,
hoch oben auf dem Kirchenturm.

Kristalle die vorüberziehen,
treffen die Gefährten.

Eisbrunnen, Wasser sprudelt vor sich hin,
Eiskünste, glatt und rein, so voller Frieden.

Quell des Wassers, dankbar sein,
Tröpfchen bilden Hübsches.

Eisflöckchen, engelsgleich,
Eisflöckchen so zerbrechlich.

Zarter Schein

Beim Fenster schaut `s herein,
ein zarter heller Schein.
So lieblich, wie ein Kind,
eilt es hin und her geschwind.

Beim Fenster schaut `s herein,
ein heller zarter Schein.
Wie eine Feder so leicht,
schwebt es im Wasser seicht.

Beim Fenster schaut `s herein,
ein heller zarter Schein.
Göttlich auf allen Wegen,
bringt friedlichen Segen.

Beim Fenster schaut `s herein,
ein heller zarter Schein.
Voller Liebe und Licht,
ein Engel in Sicht.

Einfach ich

Ich bin ein Engel,
ein liebliches Sein.

Ich bin ein Wesen,
Niemals allein.

Ich bin göttlich,
egal wo ich bin.

Ich bin so lieblich,
so zart und so rein.

Ich bin wahres Sein,
immerzu.

Ich bin Freude und Glück,
tief in mir drin.

Ich bin einfach da,
so wunderbar.

Sternenhimmel

Ein Stern der glitzert am Himmel oben,
der Mond wie eine schimmernde Scheibe.

Der Himmel voller Sterne,
kraftvoll leuchtend und hell.

Engel tanzen zu lieblicher Musik,
zarte Flügel im Winde wehen.

Dunkle Nacht, die Sterne leuchten,
voller Kraft und Herrlichkeit.

Jeden Menschen ein Stern begleitet,
hell erleuchtet im tiefen Sein.

Millionen von Sternen, leuchten so hell.
Millionen von Sternen, haben dich gern.

In der Liebe

Liebe ist über alles erhaben.

Sie überdauert das Leben.

Zwei Seelen sind aus Liebe entstanden.

Beide identischen und doch getrennt.

Manchmal zusammen,

manchmal getrennt, um zu lernen und zu wachsen.

Jedoch einander immer wieder findend.

In anderen Orten und anderen Zeiten.

Wieder und wieder.

Frieden

Stille
Seelenzwischenräume
Nicht lebbar
Seele in Allem
Erklingen der Seele
Spüren der Liebe
Vertrautheit
Schwingung berühren
Weit entfernt
Ganz nah
Weg der Liebe
Gotteshand
Andere Leben
Begegnungen
Tiefes Sein
Alles vereint
Göttliches Licht
Engelsgesang
Töne der Stille

Zeitwünsche

Gaben?
Was die meisten nicht haben.
Freuen und lachen.
Etwas draus machen.

Zeit für dein Tun.
Zeit zum Verschenken.
Zufriedensein
Zeit für Vertrauen.

Nach den Sternen greifen.
Wachsen und reifen.
Dich selber finden.
Glück empfinden.

Ich wünsche dir Zeit um zu Leben.

Schönheit der Natur

Die Schöpfung ist in unseren Herzen.
Die Schöpfung ist in der Natur.

Wir sehen sie in kleinen Geschöpfen,
in Gräsern, Bäumen und Wiesen.

In Wind, Regen, Schnee und Donner.
In den Flüssen, Meeren und Seen.

In Sand, Felsen und Gebirgen.
In der Kraft der Sonne.

Im schimmern des Mondes.
In den leuchtenden Sternen.

Wir tragen in uns Liebe und Schönheit
Frieden und Freude.

Sonntag

Nebel gleitet übers Land,
Bäume tauchen ein, in die Stille.
Die Sonne hinter den Bergen verschwand,
es gibt keine Zufälle.

Eng umschlungen, tief im Wald,
der Nebel sich lichtet.
Die Naturwesen kommen bald,
sie wurden schon gesichtet.

Der Nebel nun weiterzieht,
der Sonne entgegen.
Etwas traumschönes geschieht,
wir uns zur Ruhe legen.

Die Erde jetzt umhüllt,
von zartem Glanz.
Ein Traum wird erfüllt,
alles ist nun ganz.

Die Welt

Ein Raum zur Entfaltung und Gestaltung.
Ein Raum zum Sein.
Ein Raum zur Entfaltung der Seele.
Ein Raum zum Ausdruck deiner Selbst.

Eine Stille für die Sinne.
Einfach nur zu lauschen, zu sehn,
bewusst einen Schritt zu gehen.
Einfach nur hören und sein.
Riechen und schmecken,
vieles entdecken.

Niemals getrennt,
alles vereint.
Spirituelle Wesen,
die Erfahrungen machen.

Wie außen so innen.
Leben eine Vorbereitung für die Seele,
für die Ewigkeit.

Himmel über dem Wald

Strahlend blauer Himmel,
Blüten zart geküsst.
Wie ein Blütenschimmer,
nie mehr gehen müsst.
Wind streichelt die Felder,
zart und sacht.
Himmel über den Wäldern,
dunkle Nacht.

Ein Flügel sich spannte,
er kam heraus.
Strahlend die Lande,
leuchtend jedes Haus.

Wolken zogen vorbei,
veränderten sich.
Ein Wald es sei,
nur für dich.

Spiegel

Elfen sich spiegeln,
in deinem Herzen.
Reinheit der Seele,
Gebirgssee so nah.

Reichtum der Seele,
eine Blume im stillen Garten.
Ein lächelndes Gesicht,
ein Baum im gold schimmernden Licht.

Stille im Herzen,
leuchten einer Kerze.
Ruhe der Seele,
spiegelt sich.

Seele wie Wasser,
so weit und so nah.
Stille Einkehr,
Erneuerung selbst.

Musik für die Seele,
Glücksgefühl steigt auf.
Ewige Flamme,
Licht in der Seele.

Der Spiegel, die Wahrheit spricht,
voll geblendet.
Zarte Wolken schweben vorbei,
in die Tiefe der Seele.

Zart umhüllt,
in Watte gepackt.
Zärtlich schlummernd,
tiefer Schlaf.

Zarte Klänge spiegeln sich,
Seele freudig tanzt.
Kleine Kreise hüpfen,
alles sich vereint.

Umgeben

Von Engeln still umgeben,
leuchtend und wunderbar.
So will ich Leben,
das ganze Jahr.

Vorwagen bis an den Rand,
gehalten von Gotteshand.
Freude schenken,
an nichts denken.

Alles erstrahlt im Glanz,
das Leben ganz.
Dunkelheit schleicht sich in die Nacht,
von Gott gebracht.

Stille sich breitet,
Seele ausweitet.
Dieser zarte Klang,
ein Engelsgesang.

Fühlt sich geborgen,
ein neuer Morgen.
Alles kommen mag,
ein neuer Tag.

Glücklich leben,
mit der Seele vereint.
Sich aus der Menge erheben,
die Sonne scheint.

Träume entgleiten,
zu allen Zeiten.
Ins Innerste hinein,
einfach sein.

Umgeben von Stille,
Gottes Wille.
Vertrauen,
darauf bauen.

Göttliche Wesen

Strahlende Blicke,
bezaubernde Wesen.

Leuchten der Sterne,
so weit ohne Ende.

Strahlendes Sein,
Himmel so nah.

Wesen zuhause,
dem Göttlichen nah.

Feine Klänge,
schimmernder Mond.

Engel tanzen,
die Erde geschont.

Tagträumen

Vögel zwitschern, Sonnenschein,
mit sich selbst allein.
Freude durchströmt den Geist,
der Stille heißt.

Geist und Körper sind entspannt,
Kälte zieht übers Land.
Mit den Sinnen erfassen,
die Seele baumeln lassen.

Ich schließe meine Augen um dich zu sehn,
ein Stück des Weges zu gehen.
Träumen vom Meeresstrand,
feiner Sand.

Zarter Flügelschlag,
den ich so gerne mag.
Hier sein ganz nah,
das Leben ist wunderbar.

Stilles Lächeln

Stilles Lächeln erklingt,
Seele zärtlich singt.
Bezaubert von der Natur,
Leben pur.

Mitten im Licht,
du und ich.
Gefühle suchen Raum,
man spürt sie kaum.

Hinterm Horizont, stille Gedanken,
Sterne hin und her wanken.
Klang unserer Seelen,
leise und zärtlich.

Vereint im Sternenlicht,
Eis bricht.
Vertraut für alle Zeit,
bis in die Ewigkeit.

Hinterm Horizont

Der Horizont so weit,
lieblicher Engelsgesang.
Leise Klänge,
berühren dich zart.

Wolken aus Watte,
leicht und sanft.
Sterne leuchten,
strahlend im Glanz.

Die Sonne, warm und weit.
Der Mond, am Abend vereint.

Der Horizont so weit,
schimmernde Scheibe.
Funkeln und leuchten,
weit aus der Ferne.

Wesen aus allen Welten,
zart und lieblich.
Durchsichte Flügel,
singen nur für dich.

Götter rufen, kommt doch mal her.
Engel schweben, am Horizont umher.

Der Horizont so unendlich,
so frei und so friedlich.
Wesen so glücklich,
ein Platz nur für dich.

Ich

Sei still,
Stille hinter allem was ist.

Wisse,
allumfassendes Wissen.

Ich bin,
ewiges Sein.

Göttlich,
die eine und einzige Existenz.

Verbunden mit allem,
eins werden.

Ich bin göttlich.

In der Tiefe der Meere

Liebliche Klänge,
in der Tiefe .

Tausend Lichter,
im Schattenspiel.

Tanzende Träume,
Meeres tiefe Räume.

Raum und Zeit,
ein Spiel der Ewigkeit.

Singen Lieder,
Wasserwelten.

Liebliche Gestalten,
schwimmen umher.

Klang der Stille

Stille Klänge
durch Raum und Zeit.

Liebliche Gesänge,
ganz weit.

Stille der Musik,
verwandelt in Klänge.

Öffnet Herz und
liebkost die Seele.

Sanfte Berührung,
federweich.

Klang der Stille,
unendlich weit.

Göttliche Eigenschaften

Mut,
steige aus deiner Komfortzone aus.

Erlösung,
Befreiung von Bindungen und Illusionen.

Vollkommenheit,
du bist vollkommen.

Fülle,
lasse alle an deiner Fülle teilhaben,
so wie du auch in Fülle beschenkt wirst.

Reinheit,
gib dein Herz so rein zurück,
wie du es empfangen hast.

Schönheit,
in allem und jeden,
findest du die wahre Schönheit.

Nächstenliebe,
lasse die Menschen wie diese sind.
Schicke ein Lächeln in die Welt.
Liebe dich selbst.

Schwingung,
alles ist verbunden
in Schwingung.

Vertrauen,
in das Leben,
das Leben wird einfach.

Frieden,
für alle Wesen dieser Erde.

Kraft,
die Kraft der Zartheit,
kann alles bewegen.

Mutter Erde

Grüne Wiesen,
bunte Blumen sprießen.
Alles voller Kraft,
von Gott erschafft.

Braune Felder,
Frucht der Erde.
Alles voller Leben,
uns das Brot geben.

Seen und Meer,
wo komm ich her.
Flüsse und Bäche,
wo geh ich hin.

Sonne die Wärme bringt,
Wolken und Wind.
Tiere und Menschen,
alles ist Leben.

Nebel steigt auf

Nebel im Auge,
weiße Taube.
Was ist zu tun,
ausruhen.

Nebel steigt,
das Laub das fällt.
Stille erlauben,
Seele berühren.

Seele verirrt,
im Nebel geschützt.
Seele so hell,
Nebel vergeht.

Nebel im Auge,
Wolken so hell.
Was ist zu tun,
einfach nur ruhn.

Weis ich

Zart fein,
wie rosenrot.
Wind weht,
Baum steht.

Sonne geht auf,
Mond geht unter.
Wasser nass,
Wüste trocken.

Bäume wiegen sich im Wind,
Engel kommen geschwind.
Licht geht auf,
Wesen erscheint.

Alle Wesen,
wieder vereint.
Gedanken gehen,
Leben bleibt bestehen.

Pause zwischen den Gedanken

Gedanken die sausen,
achte auf Pausen.
Pause zwischen den Worten,
Engelsgesang.
Zwischen den Tönen,
den Schönen.
Pause,
beim Ein- und Ausatmen.
Einfaches Gewahrsein,
einfach da sein.
Aufmerksames Beobachten,
frei von Wünschen.
Alles und jedes,
ist genau so,
wie es ist.
Ein Spiel,
eine Vorstellung,
das alles ist Leben.
Pause zwischen den Gedanken.

Engelsland

Auf buntes Land wir uns begeben,
das nennt man Leben.
Engel schweben übers Land,
vieles ist noch unbekannt.

Endloses Sein,
Engel so zart und fein.
Allumfassendes Sein,
nie allein.

Hell erleuchteter Wald,
Engelgesang.
Engel lieblich singt,
viel Freude bringt.

Endlose Wälder,
glänzende Felder.
Buntes Engelsland,
jeder hier sein Glück fand.

Voller Pracht

Herrliche Nacht,
Mond glänzt in voller Pracht.
Sterne am Himmel,
ein silberner Schimmel.

Frieden zieht durch
Wald und Feld.
Schimmernder See,
Wesen aus Licht.

An Gott gedacht,
Freude gebracht.
Traumschöne Zeit,
Leben so weit.

Traumschön und so nah,
einfach nur da.
Immerzu hier,
ich danke dir.

Stille hinter den Wolken

Weiße Wolken,
Sonnenschein.
Goldene Engel,
Flügel so zart.
Weiße Wolken,
unendlich nah.
Lichtvolle Wesen,
Himmel so nah.
Weiße Wolken,
Engelsgesang.
Sonnenuntergang,
feuerrot.
Weiße Wolken,
Watte so weich.
Göttliche Wesen,
immer bereit.
Weiße Wolken,
am Himmel stehn.
Nah und fern,
es leuchtet ein Stern.

Universum

Vater wo bist du,
dem Himmel so nah.
Vater in Liebe,
wunderbar.
Mutter wo bist du,
der Erde so nah.
Mutter in Liebe,
wunderbar.
Vater beschützend,
über dir.
Mutter tragend,
unter dir.
Vater im Himmel,
strahlend und hell.
Mutter Erde,
trägt alle Wesen.
Vater,
ich liebe dich.
Mutter,
ich liebe dich.

Strahlendes Licht

Es leuchtet am Himmel,
schneeweißer Schimmel.
Oben drauf,
ein Engel sitzt.
Gott beschützt,
überall.
Sonne am Himmel,
immer strahlt.
Glitzerndes Licht,
göttlicher Strahl.
Sanfter Hauch,
über den Feldern.
Wind bläst,
trägt das Leben weiter.
Leben vergeht,
Seele lebt.

Weg des Zuges

Steige ein,
in den Zug des Lebens.
Fahre hierhin
und dorthin.
Stelle die Weichen,
sie werden dich tragen.
Du fährst im Strom,
des Lebens.
Irgendwann,
hält der Zug an.
Du verlässt diese Welt,
dein Körper vergeht.
Deine Seele,
lebt weiter.
Du hast viel gelernt,
ein lichtvolles Wesen.
Irgendwann,
kommst du wieder.
Als Seele in einem
neuen Körper.
Deine Reise beginnt von vorne.

Zeit

Zeit gibt es nicht,
es ist immer jetzt.
Zeit ist eine Illusion,
Seele ist da.
Wir leben immer,
im hier und jetzt.
Zeit gibt es nicht,
jetzt leben wir.
Vergangenheit war,
Zukunft nicht da.
Jetzt ist das Leben,
hier auf der Erde.
Jetzt liest du das Buch,
Zeit gibt es nicht.
Jetzt und nicht vorher,
jetzt und nicht später.
Zeit gibt es nicht,
alles Illusion.

Sonnenblumen

Sonne scheint,
eins mit den Blumen.
Wind weht,
Köpfchen hin und her.
Regen fällt,
Sonnenblumen wachsen.
Trinken
Gedeihen.
Recken die Köpfchen,
der Sonne entgegen.
Blätter,
winken im Wind.
Farbenfroh,
gelb und strahlend.
Glitzernd,
im Sonnenschein.
Goldenes Licht,
Blume erwacht.
Alles ist eins,
alles erwacht.

Mond,
schimmernde Scheibe.
Sonnenblume,
legt sich zur Ruh.
Dunkle Nacht,
lieblicher Gesang.
Blumen vereint,
immer da.
Sonnenaufgang,
Blume erwacht.
Trinkt frisches
Nass.
Steht strahlend,
auf der Wiese.
Voller Pracht,
voller Liebe.
Sonne scheint,
Blume mit allem vereint.
Blume so dankbar,
still und in Ruh.
In sich gekehrt,
Stille verehrt.

Fließendes Wasser

Himmel blau,
Sonne scheint.
Schimmernde Scheibe
am Horizont.
Wasser sprudelt,
in Tropfen vereint.
Quelle fließt,
rauschender Bach.
Wolken schweben,
Sonnenstrahlen.
Wasser vereint,
im Ozean.
Leben entsteht,
Tropfen geboren.
Leben und Liebe,
alles Sein.
Wasser sprudelt,
aus tiefen Quellen.
Gott erstrahlt,
im Raum, dem hellen.

Feines Lied

Seele halten,
sanft berührt.
Hingeben,
anders sein.
Verloren, dunkel,
stilles Sein.
Weiterschwingen,
Tiefen berühren.
Zusammen dich und mich,
liebliche Stimme.
Feiner Gesang,
in den Wäldern.
Glockenklang,
über den Feldern.
Tief im Innersten,
einfach sein.
Feines Lied,
sanfter Klang.

Goldene Felder

Wir wollen,
Sorgen vergehn.
Weiter gehen,
hinter uns lassen.
Träume verblassen,
im Herbst.
Frieden und Ruhe,
Sehnsucht in mir.
Ganz still,
blauer Himmel über uns.
Wie schön,
wie froh.
Leerer Blick,
schau nicht zurück.
Goldene Farbe,
bunte Natur.
Jahreszeiten,
goldene Felder.

Ich bin

Ich bin Liebe.
Ich bin innerer Reichtum.
Ich bin Freude.
Ich bin ich.
Ich bin hier.
Ich bin jetzt.
Ich bin geistig.
Ich bin eine liebevolle Seele.
Ich bin reich.
Ich bin geistig.
Ich bin rein.
Ich bin ewig.
Ich bin ein Stern.
Ich bin unbegrenzt.
Ich liebe mich.

Mein Körper

Körper spüren,
hingeben.
Entspannung,
Bewegung loslassen.
Ich lasse alles los,
berühren.
Vater und Mutter,
begegnen im Licht.
Voller Dankbarkeit,
von Liebe erfüllt.
Raum für Liebe,
von Seele zu Seele.
Jetzt in diesem Moment,
bereit für eine andere Ebene.
Loslassen und spüren,
ankommen.
Ich bin angekommen.
Es trägt mich,
spüren.
Ich spüre meine Füße,
anschmiegen.

Ich werde getragen,
von Mutter Erde.
Werde sicher getragen,
verwachsen mit allem was ist.
Nahrung, Bewusstheit.
Strahlender Stern,
tief in mir.
Verweilen im göttlichen Licht,
Körperwahrnehmung,
spüren und fühlen.
Kraft und Energie,
intensiv und reich.
Schauen, nach außen
und innen.
Abgeben und
loslassen.
Dieser Moment,
nur für mich.
Momente vergehen,
Körper vergehen.
Ich die Seele,
vergehe nie.
Wolken ziehen vorüber,

ein Schwarm Vögel.
Selbst nahe sein,
tiefer gehen.
Wundervolles Selbst,
Botschaften gesendet.
Liebliche Musik,
eine Reise in das innere Selbst.
Bewusstheit,
Seele,
traumschöne Form.
Begegne mir selbst,
alles vertraut.
Vollkommen offen,
von Frieden durchdrungen.
Berührung,
ursprüngliche Form.
Geistiges Wesen,
immer frei.
Heilung der Seele,
einfach sein.
Geborgenheit,
Reise in mein eigenes Zuhause.
Gehe hin, wo

immer ich möchte.
Bewusster strahlender Stern,
Ebene weit entfernt.
Ebene der Stille,
Erde so weit.
Strahlender Stern,
Mittelpunkt der Erde.
Strahlende Energie,
Körper, Raum, Verbundenheit.
Strahlende Welt,
Dieser Moment,
Seele, ich bin.
Bewusst sein,
Reichtum der Seele.
Berühren,
unendlicher Reichtum.
Voller Kraft,
Frieden empfinden.
Gefüllt mit Frieden
und Liebe.
Reinheit und Kraft,
Weisheit und Wahrheit.
Bewusstheit und Glück,

Seele in mir.
Nach innen schauen,
spüren, das Selbst.
Eintauchen in den inneren Reichtum,
in mir, in der Natur.
Innerer Blick,
öffnen der Tür zur inneren Welt.
Sonnenberührung,
Loslassen,
Seele breitet sich aus.
Bin geschützt,
absolute Geborgenheit.
Friedvolle Ebene,
höchste Seele.
Unendliche Weite,
unendliche Stille.
Zulassen,
berühren das Licht.
Ebene der ewigen Stille.
Stiller Frieden,
lauschen und sein.
Stille lauschen,
höre nichts.

Frieden und Stille,
einlassen auf das was ist.
Getragen von Mutter Erde,
entspannt sein.
Geistige Welt,
Körper fühlen, ich selbst.
Welt des Geistes,
träumen.
Immer da sein,
verbunden, genährt.
Stabil sein,
Meister vom Licht.
Nie allein,
immer verbunden.
Innerer Reichtum,
Wahrheit in mir.
Weisheit,
verbunden sein.
Gebender,
frei sein.
Verbunden,
mit mir selbst.
Friedvolle Seele.

Himmelsbläue

Himmel blau,
Blumenwiese duftet.
Zeit vergeht,
Seele in allem Sein.

Himmel blau,
Vögel zwitschern.
Wolken ziehen,
behütet sein.

Himmel blau,
Sterne leuchten.
Mond erstrahlt,
Gott in allem.

Himmel blau,
Tiere krabbeln.
Schimmernde Scheibe,
am Horizont.

Himmel blau,
Ohr ertönt.
Augen auf,
alles bestimmt.

Himmel blau,
Seele weit.
Duft erhellt,
zu allem bereit.

Himmel blau,
einfach sein.
Seele selbst,
groß und klein.

Danke

Ich bedanke mich bei allen Wesen dieser Erde.
Alles trägt zum Lernen bei.
Danke an Mutter Natur und Vater Himmel.
Danke an die Menschen, denen ich im Laufe meines Lebens begegnet bin.
Danke an die wundervollen Tiere.
Danke für die Luft zum Atmen.
Danke für das gute Essen, dass ich genießen darf.
Danke, dass ich dieses Buch schreiben durfte.
Danke an dich lieber Leser.

Genieße das Leben.
Sei so oft wie möglich im Jetzt.
Öffne deine Bewusstheit für die schönen Dinge.
Achte die Tiere, die Natur und deine Mitmenschen.
Sei einfach da und lebe.